500 FRASES
EN FRANCÉS PARA
APRENDER EN
5 DÍAS

© Editorial De Vecchi, S. A. 2019
© [2019] Confidential Concepts International Ltd., Ireland
Subsidiary company of Confidential Concepts Inc, USA
ISBN: 978-1-64461-450-1

Marion Bernard,
bajo la dirección de Robert Wilson

500 FRASES EN FRANCÉS PARA APRENDER EN 5 DÍAS

dve
PUBLISHING

Índice

ÍNDICE

ÍNDICE

Introducción

Este libro recoge un completísimo compendio de vocabulario y frases que resulta imprescindible conocer a todo aquel que se plantee visitar un país que tenga el francés como lengua oficial.

La selección de vocabulario y frases que aquí se recogen ha sido cuidadosamente estudiada, teniendo en cuenta las dos premisas fundamentales que definen la estructura de la obra:

— en primer lugar, se ha pretendido que la realización del proyecto sea en todo momento viable, y para ello se ha buscado el número justo de términos que pueden ser aprendidos a la velocidad que requiere el método;

— por otro lado, la selección de temas se ha llevado a cabo sin perder de vista que el libro pretende ser una guía de conversación para el viajero, y como tal establece los grupos de contenidos en función de las necesidades que a este se le pueden presentar.

Teniendo en cuenta que la memorización juega un papel importante en este aprendizaje, es preciso estudiar sistemáticamente sin interrupción y trabajar bien desde el principio, pero, sobre todo, es necesario no desalentarse frente a las primeras dificultades.

Cualquier persona está capacitada para aprender, con un poco de constancia, voluntad y entusiasmo. Todos los sacrificios quedarán compensados por la satisfacción de entender y hablar otra lengua.

Pronunciación

El alfabeto francés consta de veintiséis letras que indicaremos a continuación, junto con su correspondiente sonido figurado:

a	**b**	**c**	**d**	**e**	**f**	**g**	**h**	**i**
[a]	[bé]	[sé]	[dé]	[e]	[ef]	[sé]	[ag]	[i]

j	**k**	**l**	**m**	**n**	**o**	**p**	**q**	**r**
[si]	[ka]	[el]	[em]	[en]	[o]	[pé]	[ky]	[er]

s	**t**	**u**	**v**	**w**	**x**	**y**	**z**
[es]	[té]	[y]	[vé]	[dublevé]	[iks]	[igreek]	[sed]

Observación. Los signos fonéticos utilizados para expresar la pronunciación de sonidos que no tienen equivalencia en español (como los de la **g**, la **j** o la **u,** por ejemplo) son los del alfabeto fonético internacional

Vocales

En francés, las vocales pueden dividirse en abiertas o cerradas, dependiendo de la posición que ocupen en la palabra o, en ocasiones, el tipo de acento que lleven. Para pronunciar una vocal abierta ha de abrirse más la boca que en una vocal cerrada.

Así, por ejemplo:

La **e** se pronuncia abierta en: *mère* (madre) y *perte* (pérdida); en el primer caso, debido al acento grave (`) y, en el segundo, porque forma parte de una sílaba cerrada, es decir: consonante-vocal-consonante (siempre que aparece en esta posición, la **e** se pronuncia abierta).

Sin embargo, se pronuncia cerrada en: *curé* (cura) y *thé* (té), debido al acento agudo ( ).

La **e** al final de palabra es muda y no se pronuncia:

père
[pèr]
padre

frère
[frèr]
hermano

Los grupos **ai, ei, et** y **est** se leen todos con la **e** abierta:

semaine
[semèn]
semana

balaine
[balèn]
ballena

peine
[pèn]
pena

muet
[müè]
mudo

il est
[ilè]
él es

Cuando aparece la grafía **eu, oeu** se pronuncia como una **e** muy cerrada, casi una **o:**

feu
[fø]
fuego

veux
[vø]
quiero

voeu
[vø]
voto

La **o** no se pronuncia siempre igual: existe una **o** abierta y una **o** cerrada (se pronuncia como la española). Además, hay que tener en cuenta que cuando aparecen juntas las vocales **au, eau,** también se pronuncian como una **o:**

château
[scható]
castillo

oiseau
[uaso]
pájaro

travaux
[travó]
trabajos

aussi
[osí]
también

La **u** francesa ofrece también ciertas peculiaridades en su pronunciación. En efecto, se pronuncia **u,** con el mismo sonido que la vocal española, cuando aparece escrita **ou.**

boule
[bul]
bola

brou
[bru]
cáscara

fou
[fu]
loco

vouloir
[vuluar]
querer

Sin embargo, cuando aparece escrita **u,** la pronunciación es muy distinta: se han de poner los labios en posición de pronunciar una **u,** pero se ha de decir una **i.**

dur
[dyr]
duro

pur
[pyr]
puro

mur
[y]
pared

La combinación de vocales **oi** se pronuncia como si fuera el diptongo **ua** en español:

droit
[druat]
derecha

voiture
[vuatyr]
coche

oignon
[uañó]
cebolla

Consonantes

Existen algunas consonantes francesas que se alejan de la pronunciación española y, por lo tanto, merece la pena detenerse a explicarlas.

G y **J:** la **g** francesa seguida de **a, o, u,** se pronuncia como en español **(ga, go, gu),** pero seguida de **e, i** adquiere un sonido distinto, fricativo, transcrito [s] en el alfabeto internacional.

genou
[senu]
rodilla

gelé
[selé]
helado

Giselle
[sisel]
Gisela

gibier
[sibié]
caza

Este mismo sonido es el que produce la consonante **j** seguida de cualquier vocal.

jamais
[samè]
nunca

je
[sê]
yo

jouer
[sué]
jugar

S: se debe leer como la **s** inicial española cuando aparece al principio de una palabra.

suivre
[suivre]
seguir

sauter
[soté]
saltar

Cuando aparece escrita **ss** en el interior de una palabra.

chaussure
[schosyr]
zapato

También se leen como **s** los grupos **ce, ci, sce, sci:**

célèbre
[selèbr]
célebre

citoyen
[situaién]
ciudadano

français
[fransè]
francés

Ch: la pronunciación de este grupo es similar a la española, pero más sonora y suave. La indicaremos figuradamente como **sch.**

chanter
[schanté]
cantar

chaise
[schès]
silla

chaud
[scho]
caliente

Gn: el sonido español **ñ** se obtiene en francés juntando dos consonantes, **g** y **n,** de manera que siempre que aparezcan unidas se pronunciarán igual que nuestra **ñ.**

gagner
[gañé]
ganar

espagnol
[español]
español

H: en francés, al igual que en español, no se pronuncia.

hôpital
[opital]
hospital

hasard
[asar]
azar

R: se pronuncia con la parte más posterior del paladar y, por eso, es un sonido uvular. No existe equivalente en español para este sonido, pero seguramente todo el mundo habrá oído alguna vez a un francés hablar español; pues bien, esa **r** mal pronunciada en castellano constituye el sonido francés correcto.

F: se pronuncia exactamente igual que en español; además, siempre que aparezcan juntas las consonantes **p** y **h (ph)** habrán de pronunciarse como **f.**

photographie
[fotografí]
fotografía

physique
[fisík]
física

T: se lee como en español, pero, a menudo, presenta un sonido de **s,** sobre todo en la terminación **–tion.**

nation
[nasión]
nación

Primera lección

Desenvolverse bien en el país al que se viaja, sin que la lengua se convierta en un impedimento para la comunicación, constituye un elemento esencial para disfrutar plenamente del viaje. Esta lección aborda el principio de la aventura y presenta una cuidada selección del vocabulario más útil y las frases en francés habituales para desenvolverse con soltura en el aeropuerto, la estación, el puerto..., y durante la estancia en el hotel.

Sesión de mañana
De viaje

Vocabulario

douane aduana	*atterrir* aterrizar
passeport pasaporte	*classe touriste* clase turista
droits de douane derechos de aduana	*liste des passagérs* lista de pasajeros
avion avión	*arrivées* llegadas
à bord a bordo	*departures* salidas
décoller despegar	*quai* andén

21

voie vía	*voiture* coche
guichet taquilla	*roue de secours* rueda de recambio
paquebot barco de pasajeros	*jauge d'essence* indicador de gasolina
cabine camarote	*moteur* motor
croisière crucero	*embrayage* embrague
couchette litera	*phares* faros
port puerto	

Frases

En la aduana

Votre passeport, s'il vous plaît.
Su pasaporte, por favor.

Vous voyagez seul?
¿Viaja solo?

Quel est le but de votre voyage?
¿Cuál es el motivo de su viaje?

Je suis ici pour les vacances.
Estoy aquí de vacaciones.

Je suis ici de passage.
Estoy de paso.

Avez-vous quelque chose à déclarer?
¿Tiene algo que declarar?

Je n'ai rien à déclarer.
No tengo nada que declarar.

Ouvrez cette valise, s'il vous plaît.
Abra esta maleta, por favor.

En el aeropuerto

Je voudrais une réservation pour le prochain vol à destination de...
Deseo una reserva para el próximo vuelo a...

Votre avion décolle mardi à huit heures.
Su avión despega el martes a las ocho.

Et pour le retour?
¿Y la vuelta?

À quelle heure faut-il se présenter à l'enregistrement?
¿A qué hora tengo que facturar?

Puis-je voir votre billet et votre passeport, s'il vous plaît?
¿Puedo ver su billete y su pasaporte, por favor?

Combien de valises avez-vous?
¿Cuántas maletas tiene?

Iberia annonce le départ du vol 976 à destination de Paris.
Iberia anuncia la salida del vuelo 976 a París.

Mes valises ne sont pas arrivées.
Mis maletas no han llegado.

Mes bagages ont été égarés.
Mi equipaje se ha extraviado.

En el tren

Un billet pour Paris, aller-retour, s'il vous plaît.
Un billete de ida y vuelta a París, por favor.

À quelle heure part le train?
¿A qué hora sale el tren?

Il part de quel quai?
¿De qué andén sale?

Est-ce que c'est direct?
¿Es directo?

Nous sommes à quelle gare (train) / station (metro)?
¿Cuál es esta estación?

Quelle est la prochaine gare?
¿Cuál es la siguiente estación?

Où est le wagon restaurant?
¿Dónde está el vagón restaurante?

Est-ce que cette place est libre?
¿Está ocupado este asiento?

C'est ma place.
Este es mi asiento.

En el barco

À quelle heure part / arrive le bateau?
¿A qué hora sale / llega el barco?

Le car-ferry por la Corse part à dix heures.
El transbordador para Córcega sale a las diez.

Quelle est la durée du voyage?
¿Cuánto dura el viaje?

Est-ce qu'il faut réserver une place?
¿Hace falta reserva?

Je voudrais réserver deux cabines de première classe.
Quiero reservar dos camarotes en primera clase.

Où est-ce que je peux acheter un billet?
¿Dónde puedo comprar un billete?

Je voudrais changer mon billet.
Quisiera cambiar m billete.

Comment est la mer?
¿El mar está tranquilo?

J'ai le mal de mer.
Estoy mareado.

La traversée a été très agréable.
La travesía ha sido muy agradable.

En coche

Je voudrais louer une voiture.
Querría alquilar un coche.

Quel est le tarif par jour?
¿Cuál es el precio por día?

Est-ce que le kilometrage est inclus?
¿Está incluido el kilometraje?

C'est bien la route pour Marseille?
¿Es esta la carretera de Marsella?

Quelles sont les limitations de vitesse?
¿Cuál es el límite de velocidad?

Où est-ce qu'il y a une station-service?
¿Dónde hay una gasolinera?

Le plein, s'il vous plaît.
Lleno, por favor.

J'ai eu un accident.
He tenido un accidente.

J'ai besoin d'un mécanicien.
Necesito un mecánico.

Vous pouvez réparer ma voiture?
¿Puede arreglarme el coche?

Ça va prendre combien de temps?
¿Cuánto tardará?

Vous pouvez contrôler la pression des pneus, s'il vous plaît.
Revise la presión de los neumáticos.

Sesión de tarde
Alojamiento

Vocabulario

ascenseur
ascensor

balcon / vue
balcón / vista

douche
ducha

lit
cama

lit double
cama de matrimonio

complet
completo

salle de bains
cuarto de baño

berceau
cuna

petit-déjeuner inclus
desayuno incluidc

chambre
habitación

chambre double
habitación doble

chambre à l'avant / à l'arrière
habitación exterior / interior

chambre simple
habitación individual

demi-pension
media pensión

pension complète
pensión completa

pourboire
propina

salon
salón

service en chambre
servicio de habitaciones

lit supplémentaire
cama suplementaria

hall
vestíbulo

groom
botones

coffre-fort
caja fuerte

27

serviettes	*messages*
toallas	mensajes
bagages	
equipaje	

Frases

En el hotel

Où est-ce qu'on peut trouver un hôtel?
¿Dónde hay un hotel?

J'ai une réservation.
Tengo una reserva.

Je n'ai pas réservé.
No he reservado.

Je voudrais réserver une chambre, s'il vous plaît.
Quería reservar una habitación, por favor.

Avez-vous une chambre pour ce soir?
¿Tiene una habitación para esta noche?

Pour une personne.
Para una persona.

Avez-vous une chambre avec un grand lit / à un lit?
¿Tiene una habitación doble / individual?

Nous sommes trois.
Somos tres.

28

Je veux une chambre très calme. Vous en avez une?
Quiero una habitación tranquila. ¿Tiene alguna?

Je veux une chambre à l'avant / à l'arrière.
Quiero una habitación exterior / interior.

Quel est le prix par nuit?
¿Cuánto cuesta por noche?

Combien de temps allez-vous rester ici?
¿Cuánto tiempo se quedarán?

Nous resterons six jours.
Nos quedaremos seis días.

Quelques jours. / Un mois.
Algunos días. / Un mes.

Jusqu'à fin Septembre.
Hasta finales de septiembre.

Est-ce qu'il faut payer à l'avance?
¿Hay que pagar por adelantado?

Le petit déjeuner est servi où?
¿Dónde se sirve el desayuno?

Est-ce qu'il y a la télévision / internet dans la chambre?
¿Hay televisión / internet en la habitación?

Est-ce que je peux voir la chambre?
¿Puedo ver la habitación?

C'est le prix TTC?
¿El precio incluye el IVA?

Quand faut-il laisser la chambre?
¿A qué hora hay que dejar la habitación?

Organisez-vous des excursions ici?
¿Organizan excursiones?

À quelle heure dois-je vous réveiller, monsieur?
¿A qué hora tengo que llamarle, señor?

Réveillez-moi à huit heures, s'il vous plaît.
Despiérteme a las ocho, por favor.

Je voudrais prendre le petit déjeuner dans ma chambre.
Quisiera desayunar en mi habitación.

Puis-je laisser mes objets de valeur dans votre coffre-fort?
¿Puedo dejar mis objetos de valor en la caja fuerte?

Est-ce que je peux récupérer mes objets de valeur, s'il vous plaît?
¿Me puede dar mis objetos de valor, por favor?

Est-ce que l'hôtel dispose d'un parking privé?
¿El hotel dispone de aparcamiento privado?

Est-ce que l'hôtel dispose de salles de réunions?
¿El hotel dispone de salas de reuniones?

Il n'y a pas de savon dans la salle de bains.
No hay jabón en el cuarto de baño.

Est-ce que je peux avoir une autre serviette?
¿Me puede dar otra toalla?

Pouvez-vous laver ces chemises?
¿Puede lavarme estas camisas?

Pouvez-vous repasser cette robe?
¿Puede plancharme este vestido?

Pouvez-vous m'appeler un taxi?
¿Puede pedirme un taxi?

Pourriez-vous préparer ma note pour demain?
¿Podría prepararme la factura para mañana?

Je veux partir à dix heures.
Quiero marcharme a las diez.

Il y a une erreur dans la note.
Hay un error en la factura.

Est-ce que je peux laisser mes bagages ici jusqu'à...?
¿Puedo dejar mi equipaje aquí hasta...?

Pouvez-vous démander au groom de mettre mes valises dans le taxi?
¿Puede llevar el botones mis maletas al taxi?

J'ai passé un bon séjour.
Mi estancia ha sido muy agradable.

Bonjour, monsieur!
¡Buenos días, señor!

Bonjour! J'ai réservé une chambre individuelle.
¡Buenos días! He reservado una habitación individual.

Est-ce que vous restez seulement une nuit?
¿Se quedará sólo una noche?

Je ne sais pas encore. Peut-être deux ou trois jours.
No lo sé todavía. Quizá dos o tres días.

Malheureusement, nous n'avons plus de chambre à un lit. On vous a réservé une chambre à deux lits avec salle de bains, naturellement.

Desafortunadamente, no tenemos habitaciones individuales. Le hemos reservado una habitación doble con baño, naturalmente.

Ne vous inquiétez pas.
No se preocupe.

Est-ce que vous avez votre carte d'identité ou votre passeport, s'il vous plaît?
¿Tiene el carné de identidad o el pasaporte, por favor?

Oui, bien sûr!
¡Sí, claro!

Le garçon va vous monter votre valise. Voilà la clé.
El mozo le llevará la maleta. Aquí están las llaves.

Le dîner est à 19 heures 30. Au revoir, monsieur.
La cena es a las 19.30. Hasta luego, señor.

Segunda lección

Una vez se ha llegado al lugar de destino, surgen nuevas situaciones comunicativas que requieren un manejo fluido del francés. En esta lección se muestran el vocabulario y las frases indispensables para presentarse, pedir una dirección, preguntar horarios, desplazarse por la ciudad sin ningún problema..., junto con una serie de fórmulas de cortesía muy útiles en cualquier circunstancia.

Sesión de mañana
Frases usuales

Vocabulario

prénom	*veuf*	*trois*
nombre	viudo	tres
nom	*profession*	*quatre*
apellido	profesión	cuatro
âge	*adresse*	*cinq*
edad	dirección	cinco
célibataire	*un*	*six*
soltero	uno	seis
marié	*deux*	*sept*
casado	dos	siete

35

huit	*neige*	*pluie*
ocho	nieve	lluvia
neuf	*fermé*	*vent*
nueve	cerrado	viento
dix	*ouvert*	*température*
diez	abierto	temperatura
chaleur		
calor		

Frases

Presentaciones

Bonjour, Monsieur!
¡Buenos días, señor!

Qui êtes-vous?
¿Quién es usted?

Comment vous appelez-vous?
¿Cómo se llama usted?

Je m'appelle...
Me llamo...

Comment allez-vous?
¿Cómo está?

Je vais très bien, merci.
Yo estoy muy bien, gracias.

Heureux de faire votre connaissance!
¡Encantado de conocerle / conocerla!

Enchantée!
¡Encantada!

Datos personales

Vos nom et prénom, s'il vous plaît?
¿Su nombre y apellido, por favor?

Quel âge avez-vous?
¿Qué edad tiene?

J'ai trente ans.
Tengo treinta años.

Célibataire / marié / veuf.
Soltero / casado / viudo.

Quelle est votre adresse?
¿Cuál es su dirección?

Mon adresse est...
Mi dirección es...

Quelle est votre profession?
¿Cuál es su profesión?

Frases de cortesía

S'il vous plaît.
Por favor.

Merci.
Gracias.

Je vous en prie.
De nada.

Excusez-moi.
Disculpe.

Je vous en prie.
Se lo ruego.

Bonjour.
Buenos días.

Bonsoir.
Buenas noches.

À bientôt.
Hasta luego.

Au revoir.
Adiós.

Horarios

Quelle heure est-il?
¿Qué hora es?

Il est deux heures.
Son las dos.

Il est quatre heures et demie.
Son las cuatro y media.

Il est midi.
Son las doce del mediodía.

Il est minuit.
Son las doce de la noche.

À quelle heure ton avion part-il?
¿A qué hora sale tu vuelo?

À quelle heure ouvre le musée / le restaurant?
¿A qué hora abre el museo / el restaurante?

Êtes-vous ouverts le dimanche?
¿Abren los domingos?

L'office du tourisme ferme à neuf heures moins le quart.
La oficina de turismo cierra a las nueve menos cuarto.

La banque ouvre à huit heures et quart.
El banco abre a las ocho y cuarto.

Le train part à quatre heures moins vingt de l'après-midi.
El tren sale a las cuatro menos veinte de la tarde.

Meteorología

Quel temps fait-il?
¿Qué tiempo hace?

Il fait beau.
Hace buen día.

Quelle est la température?
¿Cuál es la temperatura?

Pensez-vous qu'il va pleuvoir / neiger?
¿Cree que va a llover / nevar?

Il pleuvait lorsque je suis sorti.
Llovía cuando salí.

Il y a du brouillard.
Hay niebla.

Il y a beaucoup de vent.
Hace viento.

Il fait chaud / froid.
Hace calor / frío.

Neige-t-il beaucoup ici?
¿Nieva mucho aquí?

Il fait trop froid pour sortir.
Hace demasiado frío para salir.

Quel temps fait-il au printemps?
¿Qué tiempo hace en primavera?

Dois-je prendre le parapluie?
¿Cojo el paraguas?

Non, il n'y a pas de nuages.
No, no está nublado.

Avez-vous consulté les prévisions météo pour les huit prochains jours?
¿Ha consultado la información meteorológica para los próximos ocho días?

Les orages sur la Bretagne sont très fréquents.
Las tormentas son frecuentes en Bretaña.

Sesión de tarde
Desplazamientos urbanos

Vocabulario

ville ciudad	*près* cerca	*musée* museo
rue calle	*loin* lejos	*monuments* monumentos
place plaza	*coin* esquina	*parc* parque
métro metro	*gauche* izquierda	*église* iglesia
immeuble edificio	*droite* derecha	*avenue* avenida
autobus autobús	*tout droit* recto	*consulat* consulado
trajet trayecto	*typique* típico	*théâtre* teatro
gare estación	*quartier* barrio	*carte* mapa
billet billete		

En la ciudad

Le musée ouvre à quelle heure?
¿A qué hora abre el museo?

Combien coûte l'entrée?
¿Cuánto cuesta la entrada?

Je voudrais une carte de la région.
Quería un mapa de la región.

Avez-vous des renseignements sur les sites touristiques?
¿Tiene información sobre los sitios de interés turístico?

Qu'est-ce que c'est?
¿Qué es esto?

C'est un palais.
Es un palacio.

Il date de quand?
¿De cuándo es?

Il est du dix-huitième siècle.
Es del siglo XVIII.

Je peux prendre des photos?
¿Puedo hacer fotos?

Y-a-t-il une réduction étudiant?
¿Hay descuento para estudiantes?

Où allez-vous?
¿Adonde va usted?

Je vais rue / place...
Voy a la calle / plaza...

Preguntar direcciones

Je cherche...
Estoy buscando...

Quelle est l'adresse?
¿Cuál es la dirección?

Comment faire pour y aller?
¿Cómo llego hasta allí?

Tournez au coin.
Gire en la esquina.

C'est loin / près?
¿Está lejos / cerca?

Tournez à droite / à gauche au feu.
Gire a la derecha / izquierda en el semáforo.

Est-ce que ce restaurant est loin d'ici?
¿Está lejos de aquí este restaurante?

Il est à cinq minutes.
Está a cinco minutos.

Comment faire pour y aller?
¿Cómo puedo llegar?

Pouvez-vous m'indiquer sur la carte...?
¿Puede mostrarme en el mapa...?

Je cherche une banque.
Busco un banco.

Où est-ce qu'il y a une pharmacie?
¿Dónde hay una farmacia?

Suivez tout droit jusqu'au carrefour et tournez à gauche.
Siga recto hasta el cruce y gire a la izquierda.

Où puis-je acheter un gateau?
¿Dónde puedo comprar un pastel?

Il y a une pâtisserie à cinquante mètres.
Hay una pastelería a cincuenta metros.

Alors, j'y vais à pied.
Entonces, voy caminando.

Transporte urbano

Vous êtes libre?
¿Está libre este taxi?

S'il vous plaît, conduisez-moi à...
Por favor, lléveme a...

C'est combien en tout?
¿Cuánto cuesta el trayecto?

S'il vous plaît, roulez plus vite.
Por favor, vaya más rápido.

Je suis en retard
Llego tarde.

Mettez le compteur, s'il vous plaît.
Ponga el taxímetro, por favor.

Arrêtez-vous ici.
Pare aquí.

Attendez-moi au coin
Espéreme en la esquina.

Où est la station de métro?
¿Dónde está la estación de metro?

Le métro est très rapide.
El metro es muy rápido.

Je voudrais acheter un abonnement pour deux jours / une semaine.
Quiero comprar un abono para dos días / una semana.

Je dois descendre á quelle station?
¿En qué estación debo bajar?

Quel bus va à...?
¿Qué autobús va a...?

Quel numéro doit-on prendre?
¿Qué autobús debemos tomar?

Où est l'arrêt d'autobus?
¿Dónde está la parada del autobús?

C'est combien deux billets d'autobus?
¿Cuánto cuestan dos billetes de autobús?

S'il vous plaît, pouvez-vous me prévenir pour descendre près de...?
¿Por favor, puede avisarme para bajar cerca de...?

Est-ce qu'il y a un tramway dans cette ville?
¿Hay tranvía en esta ciudad?

Quel est le meilleur moyen de transport pour arriver au Louvre?
¿Cuál es el mejor medio de transporte para llegar al Louvre?

L'arrêt d'autobus est très près d'ici.
La parada de autobús está muy cerca de aquí.

Vous devrez prendre le numéro vingt-trois.
Deberá coger el veintitrés.

Oh, merci bien, je vois l'abribus.
Muchas gracias, ya veo la marquesina.

Tercera lección

El ocio y las compras suelen ser unas de las ocupaciones más habituales del viajero. En esta lección se recogen las palabras y frases francesas indispensables para ir de tiendas por la ciudad, concertar una visita guiada, reservar mesa en un restaurante y comprar entradas para un espectáculo, entre otras muchas actividades, además de un compendio de frases indispensables para ir de *camping* sin dificultades.

Sesión de mañana
De tiendas

Vocabulario

faire les vitrines ir de compras	*soldes* rebajas
caisse caja	*chaussure* zapato
département departamento	*pantalon* pantalones
payer par chèque pagar con cheque	*robe* vestido
payer en espèces pagar en efectivo	*tailles* tallas

montre reloj de pulsera	*magazine* revista	*blanc* blanco
horloge reloj de pared	*kiosque à journaux* puesto de periódicos	*rouge* rojo
bague anillo	*disque* disco	*bleu* azul
papier à lettre papel de carta	*livre* libro	*vert* verde
guide guía	*noir* negro	

Frases

De compras

Où puis-je acheter...?
¿Dónde puedo comprar...?

Je voudrais acheter...
Quería comprar...

C'est combien?
¿Cuánto cuesta?

Pouvez-vous l'envelopper?
¿Me lo puede envolver?

Vous désirez?
¿Le puedo ayudar?

Autre chose?
¿Algo más?

Vous en désirez combien?
¿Cuántos quiere?

Comprando ropa

Est-ce que vous pouvez m'aider?
¿Puede ayudarme?

Je voudrais voir...
Quisiera ver...

J'aime bien cette robe.
Me gusta este vestido.

Mademoiselle, vous avez ce modèle en noir seulement?
Señorita, ¿este modelo sólo lo tiene en negro?

J'ai trois modèles à vous proposer.
Tengo tres modelos para proponerle.

Je peux l'essayer en bleu marine?
¿Puedo probarme e azul marino?

Bien sûr. Vous faites quelle taille?
Sí. ¿Qué talla usa?

Je fais du 38.
Uso la 38.

Alors, voyons... Tenez!
Entonces, veamos... ¡Tenga!

Ce n'est pas la bonne taille.
No es la talla adecuada.

C'est trop grand / petit.
Es demasiado grande / pequeño.

Je le prends. Il fait combien?
Me lo quedo. ¿Cuánto cuesta?

50 euros. Vous réglez comment?
50 euros. ¿Cómo desea pagar?

Par carte de crédit.
Con una tarjeta de crédito.

Merci, mademoiselle, au revoir.
Gracias, señorita, adiós.

Avez-vous quelque chose de moins cher?
¿Tiene algo más barato?

Je voudrais rendre ceci.
Quisiera devolver esto.

Comprando zapatos

Je cherche des chaussures.
Busco unos zapatos.

Montrez-moi celles de la vitrine.
Enséñeme los del escaparate.

Vous les avez en noir?
¿Los tienen en negro?

Quelle est votre poir ture?
¿Cuál es su númerc?

Le talon est trop haut.
El tacón es demasizdo alto.

Ces chaussures sont trop serrées.
Estos zapatos son demasiado estrechos.

Je prends celles-ci.
Me llevo estos.

Avez-vous un sac plastique, s'il vous plaît?
¿Puede darme una bolsa, por favor?

En la joyería

Pouvez-vous réparer cette montre?
¿Puede arreglar este reloj?

S'il vous plaît, montrez-moi des montres.
Por favor, enséñeme relojes de pulsera.

Je voudrais voir des boucles d'oreille / bagues / pendentifs / colliers de perles.
Quisiera ver pendientes / sortijas / colgantes / collares de perlas.

J'aime bien cette bague, je la prends.
Me gusta esta sortija, me la quedo.

Je peux passer la prendre plus tard?
¿Puedo pasar a recogerla más tarde?

En la papelería

Où se trouvent les journaux étrangers?
¿Dónde están los periódicos extranjeros?

Je voudrais des cartes postales et des timbres.
Quisiera unas postales y unos sellos.

Avez-vous une carte routière?
¿Tiene un mapa de carreteras?

Pouvez-vous me conseiller un guide de conversation?
¿Me puede recomendar una guía de conversación?

Je voudrais acheter un plan de la ville.
Deseo comprar un plano de la ciudad.

J'ai besoin d'un stylo et de papier.
Necesito un bolígrafo y papel.

Où est trouve le rayon des livres de voyage?
¿Dónde está la sección de libros de viaje?

Je voudrais un livre d'histoire de la ville.
Quiero un libro de historia de la ciudad.

Comprando música

Je cherche un CD de...
Busco un CD de...

Je désire un bon enregistrement.
Deseo una buena grabación.

Je peux l'écouter ici?
¿Lo puedo escuchar aquí?

Avez-vous la bande-son / partition de...
Tiene la banda sonora / partitura de...

Je suis intéressé par des instruments de musique locaux.
Me interesa ver instrumentos musicales locales.

Sesión de tarde
Ocio

Vocabulario

visite touristique	*cinéma*
visita turística	cine
office du tourisme	*réservation*
oficina de turismo	reserva
marché	*pièce de théâtre*
mercado	obra de teatro
cathédrale	*place*
catedral	localidad
château	*représentation / séance*
castillo	función de teatro / sesión de cine
bibliothèque	*natation*
biblioteca	natación
programme des spectacles	*équipe*
guía de espectáculos	equipo

patinage	*tente*
patinaje	tienda de *camping*
ballon	*sac de couchage*
pelota	saco de dormir
cyclisme	*terrain*
ciclismo	campo
course	*champs*
carrera	pradera
amateur	*fleuve*
aficionado	río

Frases

Visitas turísticas

Nous désirons voir les monuments les plus typiques.
Deseamos ver los monumentos más típicos.

Cette visite est guidée?
¿Esta visita es guiada?

Je voudrais acheter le catalogue de cette exposition.
Deseo comprar el catálogo de esta exposición.

Est-ce qu'on peut prendre des photos?
¿Se pueden hacer fotos?

Il est interdit de prendre des photos.
Se prohíbe hacer fotografías.

Faut-il laisser mon appareil photo?
¿Tengo que dejar mi cámara?

Donnez-moi des renseignements sur les endroits à visiter.
Deme información sobre lugares que pueden visitarse.

Est-ce qu'il y a une réduction pour les groupes?
¿Hay descuento para grupos?

Qui a peint ce tableau?
¿Quién pintó este cuadro?

Faut-il payer pour voir ce parc?
¿Hay que pagar para ver este parque?

Quand a-t-il été construit?
¿Cuándo fue construido?

Diversiones

Où est-ce qu'on peut danser?
¿Dónde se puede bailar?

Quel genre de musique aimez-vous?
¿Qué tipo de música le gusta?

Y a-t-il un programme des spectacles?
¿Hay una guía local de espectáculos?

Qu'est-ce qu'il y a au théâtre / cinéma?
¿Qué hay en el teatro / cine?

Je n'aime pas les films d'action.
No me gustan las películas de acción.

J'aime bien cette pièce.
Esta obra me gusta.

Le film commence à quelle heure?
¿A qué hora comienza la película?

Je voudrais cinq billets pour la séance de ce soir.
Quiero cinco entradas para la sesión de noche.

Nous voulons nous asseoir au troisième rang.
Queremos sentarnos en la tercera fila.

Où sont ces places?
¿Dónde están estas localidades?

Où est le vestiaire?
¿Dónde está el guardarropa?

Qu'est-ce qu'on peut faire le soir?
¿Qué se puede hacer por la noche?

Connais-tu un bon restaurant?
¿Conoce un buen restaurante?

Comment j'y vais?
¿Cómo voy hasta allí?

Voudrais-tu aller prendre un verre?
¿Te gustaría ir a beber algo?

C'est ma tournée.
Yo pago esta ronda.

Deportes

Où y a-t-il une piscine par ici?
¿Dónde hay una piscina cerca de aquí?

Puis-je louer un vélo?
¿Puedo alquilar una bicicleta?

Où sont les vestiaires?
¿Dónde están los vestuarios?

Puis-je louer un casier?
¿Puedo alquilar una taquilla?

Voulez-vous aller voir un match?
¿Quiere ver un partido?

Qui joue?
¿Quién juega?

Quels sports aimez-vous?
¿Qué deportes le gustan?

Combient coûte les forfaits?
¿Cuánto cuesta el forfait de esquí?

Quel est l'état des pistes?
¿Cuál es el estado de las pistas?

Est-ce que je peux prendre des leçons?
¿Puedo tomar clases?

Je peux participer?
¿Puedo participar?

Quel sport faites-vous?
¿Qué deporte practica?

Quel est votre équipe favorite?
¿Cuál es su equipo favorito?

En el *camping*

Où est le camping le plus proche?
¿Dónde está el *camping* más cercano?

Est-ce que nous pouvons camper ici?
¿Podemos acampar aquí?

Est-ce que nous pouvons louer une tente?
¿Podemos alquilar una tienda?

Est-ce qu'il y a des douches?
¿Hay duchas?

Ça coûte combien par personne / tente / caravane?
¿Cuánto cuesta por persona / tienda / caravana?

L'eau est-elle potable?
¿El agua es potable?

Est-ce qu'on peut faire la cuisine?
¿Se puede cocinar?

Interdit de camper.
Prohibido acampar.

Est-ce que je peux emprunter une lampe de poche?
¿Me puede prestar una linterna?

Où est-ce que je peux garer ma voiture?
¿Dónde puedo aparcar el coche?

Cuarta lección

Entender la carta en francés de un restaurante, ir a comprar al mercado o cambiar dinero en un país de habla francesa puede resultar difícil para todos aquellos que no dominan esta lengua. Con el objetivo de ayudar al viajero a superar sus obstáculos comunicativos, en esta lección se presenta un listado de palabras y frases muy útiles para desenvolverse fácilmente en el mercado y en el restaurante y solicitar servicios de diversos tipos en los países visitados (en el banco, en correos, en la peluquería...).

Sesión de mañana
A la hora de comer

Vocabulario

mûr maduro	*boîte* lata	*poulet* pollo
épices especias	*frais* fresco	*veau* ternera
désossé deshuesado	*tendre* tierno	*liste d'attente* lista de espera
cru crudo	*poisson* pescado	*carte des vins* carta de vinos

63

garçon	*rôti*
camarero	asado
cuillère	*grillé*
cuchara	a la parrilla
fourchette	*au four*
tenedor	al homo
couteau	*bouilli*
cuchillo	cocido
entrées	*à la vapeur*
entrantes	al vapor
plat principal	*frit*
plato principal	frito
desserts	
postres	

Frases

En el mercado

Où est-ce qu'on trouve le rayon des surgelés?
¿Dónde está la sección de congelados?

Est-ce que vous avez des fruits et légumes?
¿Tiene verduras y frutas?

Vous désirez?
¿Qué desea?

Je voudrais quatre-cents grammes de poulet.
Póngame 400 g de pollo.

Ce sera tout?
¿Alguna cosa más?

Qu'est-ce que c'est que ça?
¿Qué es esto?

C'est du jambon.
Es jamón.

Puis-je goûter?
¿Puedo probarlo?

En el restaurante

Est-ce que vous pouvez me recommander un restaurant?
¿Puede recomendarme un restaurante?

Je meurs de faim.
Me muero de hambre.

Où est-ce qu'on trouve les specialités locales?
¿Dónde pueden encontrarse las especialidades locales?

Je voudrais réserver une table pour deux personnes.
Quería reservar una mesa para dos personas.

Nous sommes complets.
Está lleno.

Je voudrais une table pour six personnes dans la zone fumeurs.
Quería una mesa para seis en la zona de fumadores.

J'ai une table réservée au nom de...
Tengo una mesa reservada a nombre de...

Où voulez-vous vous asseoir?
¿Dónde desean sentarse?

On peut encore commander?
¿Podemos comer todavía?

Vous désirez?
¿Qué les apetece?

Je voudrais voir la carte des vins, s'il vous plaît.
Quería, por favor, la carta de vinos.

Est-ce que je peux voir la carte, s'il vous plaît?
¿Puedo ver el menú, por favor?

Avez-vous des repas enfants?
¿Tienen menú infantil?

Il faut attendre combien de temps?
¿Cuánto hay que esperar?

Nous sommes pressés.
Tenemos prisa.

Voulez-vous boire quelque chose en attendant?
¿Quieren beber algo mientras esperan?

Qu'est-ce que vous me conseillez?
¿Qué me recomienda?

Quels sont les ingrédients?
¿Qué lleva ese plato?

J'adore ce plat.
Me encanta este plato.

Le service est compris?
¿La propina está incluida en la cuenta?

Bonsoir, deux couverts?
Buenas noches, ¿dos cubiertos?

Oui.
Sí.

Cette table vous convient-elle?
¿Está bien esta mesa?

Oui, c'est parfait.
Sí, es perfecta.

Voilà la carte.
Aquí tiene la carta.

Quels sont les ingrédients de la salade?
¿Qué lleva la ensalada?

C'est un produit sans gluten?
¿Es un producto sin gluten?

Je suis au régime.
Estoy a régimen.

Je suis allergique aux fruits de mer.
Soy alérgico al marisco.

Vous avez choisi?
¿Han escogido?

Oui, deux salades du chef, s'il vous plaît.
Sí, dos ensaladas del chef, por favor.

Un filet mignon et une sole meunière.
Un filete y un lenguado a la *meunière*.

Le filet à point, s'il vous plaît.
El filete al punto, por favor.

De l'eau plate et une bière.
Agua natural y una cerveza.

Une petite bouteille de rouge et un verre de blanc.
Una botella pequeña de vino tinto y una copa de blanco.

Je vous sers tout de suite.
Les sirvo enseguida.

Qu'est-ce que vous prenez comme dessert?
¿Qué les apetece de postre?

Tarte aux pommes.
Tarta de manzana.

Ça va?
¿Todo bien?

C'était délicieux.
¡Estaba buenísimo!

L'addition, s'il vous plaît.
La cuenta, por favor.

Pas de problème.
Naturalmente.

Sesión de tarde
Servicios

Vocabulario

billet billete	*salon de coiffure* peluquería	*repasser* planchar
compte cuenta	*mise-en-plis / brushing* lavar y marcar	*éclair* cremallera
frais bancaires gastos bancarios	*coupe* corte de pelo	*coudre* coser
solde saldo	*rasage* afeitado	*bouton* botón
poste correos	*massage* masaje	*lunettes* gafas
lettre carta	*blanchisserie* lavandería	*parapluie* paraguas
facteur cartero	*teinturerie* tintorería	*mallette* maletín
code postal código postal	*tache* mancha	*appareil photo* cámara fotográfica
courrier correo		

En el banco

À quelle heure ouvre la banque?
¿A qué hora abre el banco?

Je voudrais changer des chèques de voyage.
Quería cambiar cheques de viaje.

Où est-ce que je peux retirer de l'argent?
¿Dónde puedo sacar dinero?

Où est le guichet automatique le plus proche?
¿Dónde está el cajero automático más cercano?

J'ai oublié mon code confidentiel.
He olvidado mi número secreto.

Le guichet automatique a avalé ma carte de crédit.
El cajero automático ha retenido mi tarjeta.

J'ai perdu ma carte de crédit.
He perdido mi tarjeta de crédito.

Est-ce que mon virement est arrivé?
¿Ha llegado mi transferencia?

Où est le bureau de change le plus proche?
¿Dónde está la oficina de cambio más cercana?

Il y a un problème avec mon compte.
Hay un problema con mi cuenta.

Oú dois-je signer?
¿Dónde tengo que firmar?

En correos

Où est le service de Poste Restante?
¿Dónde está la lista de correos?

Y a-t-il du courrier pour moi?
¿Hay correo para mí?

Je voudrais envoyer un colis à Marseille.
Deseo enviar un paquete a Marsella.

Vous voulez l'envoyer en express ou en courrier normal?
¿Quiere enviarlo por correo urgente o normal?

En courrier normal, s'il vous plaît.
Por correo normal, por favor.

Je voudrais acheter une enveloppe et un timbre.
Quisiera comprar un sobre y un sello.

Je voudrais envoyer un télégramme à l'étranger.
Quisiera enviar un telegrama al extranjero.

Combien cela coûte par mot?
¿Cuánto es por cada palabra?

En la peluquería

Oú est le salon de coiffure?
¿Dónde está la peluquería?

Je désire me faire raser.
Deseo un afeitado.

Il faut attendre combien de temps?
¿Cuánto tiempo tendré que esperar?

Je voudrais une coupe comme celle-lá.
Quiero un corte como este.

Je voudrais une coupe courte.
Lo quiero corto.

Je voudrais me faire tailler la barbe.
Deseo que me recorte la barba.

Je voudrais un brushing.
Quiero lavar y marcar.

Je voudrais faire une couleur.
Quiero teñirme.

De la même couleur?
¿Del mismo tono?

Non, un peu plus foncé.
No, un poco más oscuro.

L'eau est trop froide / chaude.
El agua está demasiado fría / caliente.

En la lavandería

Pouvez-vous enlever cette tache de vin?
¿Puede quitar esta mancha de vino?

On ne peut pas enlever ces taches
Estas manchas no se pueden quitar.

Je besoin de cette robe mercredi.
Necesito este vestido para el miércoles.

Quand sera-t-elle prête?
¿Cuándo estará lista?

Pouvez-vous coudre les boutons?
¿Puede coser los botones?

Cette manche est déchirée, pouvez-vous la recoudre?
Esta manga está rota, ¿puede coserla?

Ce manteau n'est pas à moi.
Este abrigo no es mío.

Pouvez-vous repasser les chemises?
¿Puede planchar las camisas?

Pouvez-vous réparer cette fermeture éclair?
¿Puede arreglar esta cremallera?

Buscando objetos perdidos

Hier soir, j'ai perdu mes lunettes.
Ayer por la noche perdí mis gafas.

J'ai oublié mon parapluie au restaurant.
Olvidé mi paraguas en el restaurante.

J'ai perdu la clé de ma chambre.
He perdido la llave de mi habitación.

Quelqu'un a-t-il trouvé un appareil photo dans la salle à manger?
¿Alguien ha encontrado una cámara fotográfica en el comedor?

J'ai oublié où j'ai garé ma voiture.
He olvidado dónde aparqué mi coche.

Je ne trouve pas mon billet.
No encuentro mi entrada.

Avez-vous vu une mallette noire?
¿Ha visto un maletín negro?

Vous l'avez laissée quand?
¿Cuándo lo dejó?

Il y a deux heures.
Hace dos horas.

Personne ne m'a rien dit. Avez-vous demandé au réceptionniste?
Nadie me ha dicho nada. ¿Le ha preguntado al recepcionista?

Oui, mais il ne sait rien.
Sí, pero no sabe nada.

Je suis désolé, madame.
Lo siento, señora.

Quinta lección

Durante un viaje es posible que se produzcan situaciones de emergencia en las que superar las barreras de la comunicación resulta todavía más indispensable. En esta lección se muestra una completa selección del vocabulario y las frases en francés más adecuados para salir airoso de cualquier apuro; por ejemplo, para poner una denuncia en la comisaría, explicar la avería del coche al mecánico o entender las prescripciones del médico. Y, para finalizar, una serie de términos y frases que ayudarán al viajero a hacerse entender perfectamente a la hora de pedir información, resolver dudas y superar dificultades en el momento de efectuar una llamada de teléfono.

Sesión de mañana
En apuros

Vocabulario

commissariat comisaría	*dénoncer* denunciar	*batterie* batería
aide ayuda	*papiers* documentación	*bruit* ruido
urgence urgencia	*mécano* mecánico	*ordonnance* receta
vol robo	*dépanneuse* grúa	*pilules* pastillas

allergie	*gélules*
alergia	cápsulas
antiseptique	*lunettes de soleil*
antiséptico	gafas de sol
dose	*piqûre*
dosis	picadura
sirop	*rhume*
jarabe	catarro
fièvre	*rage de dents*
fiebre	dolor de muelas
symptômes	*spécialiste*
síntomas	especialista

Frases

En la comisaría

Est-ce que vous pourriez m'aider, s'il vous plaît?
¿Podría ayudarme, por favor?

Où est le commissariat de police?
¿Dónde está la comisaría de policía?

On m'a volé.
Me han robado.

Il a essayé de me voler.
Ha intentado robarme.

Est-ce que je pourras utiliser le téléphone?
¿Podría usar el teléfono?

C'est urgent!
¡Es una urgencia!

Appelez la police!
¡Llame a la policía!

Je viens porter plainte pour vol.
Quiero denunciar un robo.

Problemas con el coche

Ma voiture est tombée en panne.
Mi coche se ha averiado.

La voiture ne veut pas démarrer.
El coche no arranca.

Les phares ne s'allument pas.
Los faros no se encienden.

J'ai besoin d'un mécanicien.
Necesito un mecánico.

Il faut charger la batterie.
Es necesario cargar la batería.

Avez-vous les câbles de démarrage?
¿Tiene cables para la batería?

J'ai besoin qu'on me pousse.
Necesito que alguien me empuje.

Je suis en panne d'essence.
Estoy sin gasolina.

Mon pneu est à plat.
Se me ha pinchado una rueda.

J'écoute un bruit à...
Escucho un ruido en...

Pouvez-vous réparer ma voiture?
¿Puede arreglar mi coche?

Le moteur ne donne pas toute sa puissance.
El motor no alcanza toda su potencia.

Les bougies sont sales.
Las bujías están sucias.

Cette pièce est difficile à trouver.
Esta pieza es difícil de encontrar.

Ça va prendre combien de temps?
¿Cuánto tiempo tardará?

En la farmacia

Où est-ce qu'il y a une pharmacie?
¿Dónde hay una farmacia?

Est-ce que vous pouvez me recommander quelque chose pour la constipation?
¿Puede recomendarme algo para el estreñimiento?

Prenez ces pilules.
Tome estas pastillas.

Combien de fois par jour?
¿Cuántas veces al día?

Est-ce que ça peut provoquer des somnolences?
¿Pueden producir somnolencia?

J'ai besoin d'une ordonnance pour...?
¿Necesito una receta para...?

Pouvez-vous me donner de l'aspirine pour un enfant de cinq ans?
¿Tiene aspirinas para un niño de cinco años?

Quelle est la dose pour un enfant?
¿Cuál es la dosis para un niño pequeño?

Je suis allergique aux antibiotiques.
Soy alérgico a los antibióticos.

Je n'ai plus de médicaments.
Me he quedado sin medicación.

Problemas de salud

Je suis malade.
No me encuentro bien.

Est-ce que le médecin peut venir ici?
¿Puede venir el médico?

J'ai des nausées / frissons / vertiges.
Tengo náuseas / escalofríos / mareos.

Je me suis fait vacciner contre le tétanos.
Estoy vacunado contra el tétanos.

Allô! Ici, Monsieur García. Je suis malade. Pourriez-vous appeler un médecin, s'il vous plaît?
Hola. Soy el señor García. Me encuentro mal. ¿Podría llamar a un médico, por favor?

Tout de suite, monsieur.
Enseguida, señor.

Est-ce que vous avez mal quelque part?
¿Dónde le duele?

A la tête et à l'estomac. Et puis vous voyez ces taches rouges que j'ai partout.
En la cabeza y el estómago. Y ¿ve estas manchas rojas? Las tengo por todas partes...

Qu'est-ce que vous avez mangé hier soir?
¿Qué comió ayer por la noche?

Des champignons, de la viande...
Setas, carne...

Il s'agit évidemment d'une réaction allergique.
Evidentemente se trata de una reacción alérgica.

Prenez ce médicament trois fois par jour pendant deux jours.
Tome este medicamento tres veces diarias durante dos días.

Je vous remercie.
Se lo agradezco.

Bonne nuit!
¡Buenas noches!

En la óptica

J'ai besoin de lunettes de soleil.
Necesito unas gafas de sol.

J'ai cassé mes lunettes.
Se me han roto las gafas.

Est-ce que vous pouvez réparer mes lunettes?
¿Puede arreglar mis gafas?

Quand est-ce que ce sera prêt?
¿Cuándo estarán listas?

Sesión de tarde
Comunicación

Vocabulario

comprendre	*quel*
comprender	qué
savoir	*pourquoi*
saber	por qué
trouver	*qui*
encontrar	quién
à quelle heure	*de quel couleur*
a qué hora	de qué color
comme	*combien de*
cómo	cuántos
quand	*quel âge*
cuándo	qué edad
où	*appel*
dónde	llamada

83

téléphoner	*répondre au téléphone*
llamar por teléfono	contestar al teléfono
numéro de téléphone	*annuaire*
número de teléfono	guía de teléfonos
mauvais numéro	*raccrocher*
número equivocado	colgar
en PCV	*ligne occupée*
a cobro revertido	línea ocupada
indicatif	*appel interurbain*
prefijo	llamada interurbana
tonalité	*communication locale*
tono	llamada local
composer	*appel en absence*
marcar	llamada perdida
cabine téléphonique	*mettre quelqu'un en attente*
cabina telefónica	dejar a alguien en espera
portable	
teléfono móvil	

Frases

Solicitar información

Je ne suis pas capable de trouver / voir / comprendre...
No puedo encontrar / ver / entender...

J'aimerais bien savoir...
Me gustaría saber...

Pouvez-vous m'indiquer / m'aider?
¿Puede decirme / ayudarme?

Pouvez-vous me dire quand est-ce que nous arriverons à...?
¿Me puede decir cuándo llegaremos a...?

Où peut-on acheter un billet?
¿Dónde se puede comprar un billete?

C'est combien?
¿Cuánto cuesta?

Le trajet dure combien de temps?
¿Cuánto dura el viaje?

Savez-vous pourquoi le train a du retard?
¿Sabe por qué el tren llega con retraso?

Il y a combien de trains par jour?
¿Cuántos trenes hay cada día?

Quelle est la durée de votre voyage?
¿Cuánto tiempo va a estar de viaje?

Pourriez-vous avoir l'amabilité de me dire...
Tendría la amabilidad de decirme...

Combien de temps faut-il attendre?
¿Cuánto tiempo hay que esperar?

Je peux vous demander un service?
¿Puedo pedirle un favor?

Vous êtes très aimable.
Es muy amable.

Sauvez-vous si le train arrive en retard?
¿Sabe si el tren llega con retraso?

Que puis-je faire pour vous?
¿Le puedo ayudar?

Où est le bureau d'information?
¿Dónde está la oficina de información?

Teléfono e internet

Quel est votre numéro de téléphone?
¿Cuál es su número de teléfono?

C'est le...
Mi número es...

Je voudrais téléphoner à...
Quiero hacer una llamada a...

Je suis dans l'attente d'un appel.
Estoy a la espera de una llamada telefónica.

Où est le téléphone le plus proche?
¿Dónde está el teléfono más cercano?

Je voudrais téléphoner en PCV a Madrid.
Quiero telefonear a cobro revertido a Madrid.

J'ai oublié la carte téléphonique à l'hôtel.
He olvidado la tarjeta telefónica en el hotel.

Je dois consulter un annuaire.
Debo consultar un listín telefónico.

Quel est l'indicatif pour...?
¿Cuál es el prefijo de...?

Quelle est le prix d'une communication de ... minutes?
¿Cuánto cuesta una llamada de ... minutos?

J'ai été coupé.
Se ha cortado.

La ligne est occupée
Está comunicando.

La ligne est mauvaise
La conexión es mala.

Qui est-ce?
¿Quién llama?

Allô. C'est...
Hola. Soy...

À qui voulez-vous parler?
¿Con quién quiere hablar?

Non, il / elle n'est pas là.
No, él / ella no está.

Je peux laisser un message?
¿Puedo dejarle un mensaje?

Je rappellerai plus tard.
Llamaré más tarde.

Dites-lui que j'ai appelé.
Dígale que he llamado.

J'attends un appel.
Espero una llamada.

Je voudrais un chargeur pour mon portable.
Quisiera un cargador para mi móvil.

J'ai un portable pré-payé.
Tengo un móvil de tarjeta.

Quels sont les tarifs?
¿Cuáles son las tarifas?

Où est le cybercafé le plus proche?
¿Dónde está el cibercafé más cercano?

Je voudrais envoyer un courrier électronique.
Querría enviar un correo electrónico.

Je voudrais utiliser un ordinateur.
Quisiera utilizar un ordenador.

J'ai besoin de me connecter à Internet.
Necesito conectarme a internet.

Je voudrais utiliser un scanner.
Quisiera utilizar un escáner.

J'ai besoin d'utiliser une imprimante.
Necesito una impresora.

C'est combien de l'heure?
¿Cuánto cuesta cada hora?

Avez-vous des Macs / PCs?
¿Tienen Mac / PC?

Est-ce que je peux copier un CD?
¿Puedo copiar un CD?

Je voudrais consulter mon courrier électronique.
Desearía consultar mi correo electrónico.

J'ai oublié mon code confidentiel.
He olvidado mi contraseña.

Est-ce que je peux télécharger de la musique par Internet?
¿Puede bajarme música de internet?

Aidez-moi à choisir l'espagnol come langue de préférence.
Ayúdeme a elegir el español como lengua principal.

Je désire voir la page d'accueil de l'hôtel.
Deseo ver la página inicial del hotel.